Género Texto expositivo

I0800882

Pregunta esencial

¿Por qué son valiosos los recursos naturales?

El delta

JAMES MCNAUGHTON

Introducción

El poderoso río Mississippi es famoso en todo el mundo. Es el río más extenso de América del Norte, y durante muchos años ha creado una región única llamada el delta del Mississippi.

Por lo general, un delta es el nombre que recibe el terreno que ha sido formado por el **sedimento** en la desembocadura de un río. Pero el delta del Mississippi es mucho más grande que eso. Esta enorme región es una llanura aluvial, creada por inundaciones a lo largo de siete estados. Cubre más de 3 millones de acres, extendiéndose desde el sur de Illinois hasta el Golfo de México.

EL RÍO MISSISSIPPI Y LA REGIÓN DEL DELTA

La región del delta posee abundantes **recursos naturales**. Muchos alimentos crecen en sus **fértiles** llanuras aluviales, y su petróleo y gas natural son fuentes de energía para el país.

Muchos productos de la región se transportan por el río Mississippi. Este río se puede comparar con una enorme autopista acuática. Conecta a todos los pueblos y ciudades de la región y ofrece acceso al Golfo de México.

La región del delta también posee magníficas áreas silvestres. Sus **ecosistemas** sustentan diversas poblaciones de plantas, aves, peces y otros animales.

Lo que da vida a la riqueza de estos recursos naturales es, por supuesto, el agua. Fue el agua la que creó este paisaje desde el principio, y continúa siendo la característica más importante de la región. Hoy, los temas del control y la calidad del agua son vitales para el futuro de la región del delta.

Esta vista aérea del delta del Mississippi muestra la forma de garra, semejante a la pata de un pájaro, en la desembocadura del río. Allí se deposita el sedimento, después de ser transportado río abajo.

DELTAS Y LLANURAS ALUVIALES

Cuando los ríos corren entre sus tramos altos y bajos, recogen y arrastran pequeñas piedras y limo. Este material, llamado aluvión, o sedimento, viaja a lo largo del río y se deposita en algún lugar. Con el tiempo, y repetidas inundaciones, el sedimento se extiende y crea nueva tierra. Esta tierra forma un área de delta alrededor de la desembocadura del río, pero en el caso del delta del Mississippi, la inmensa llanura aluvial se extiende muy hacia el interior del país.

En la parte baja del delta, donde el agua del río se encuentra con el agua del Golfo de México, el río reduce su velocidad y libera más sedimento. Aquí, en la desembocadura, el sedimento construyó gradualmente una forma de garra a ambos lados del cauce del río. Se le llama delta pata de pájaro.

CAPÍTULO 1

El poder del agua

El Mississippi es uno de los grandes ríos del mundo. Tiene una extensión aproximada de 2,300 millas (3,700 kilómetros). Es difícil medir su longitud exacta porque el río cambia constantemente. El río nace en el lago Itasca, en el Parque Estatal de Itasca, Minnesota. Muchos científicos creen que este lago fue forjado por glaciares hace miles de años, durante la gran Era del Hielo. ¡Una gota de agua tarda tres meses en viajar desde el nacimiento del río hasta su desembocadura en el Golfo de México!

El río Mississippi y la región del delta siempre han sido ricos en recursos. Los indígenas americanos aprovechaban su clima templado y su fértil suelo. Cultivaban maíz y dependían del río para la pesca, el transporte y el comercio.

Hoy, el delta es una importante región nacional para la producción agrícola, industrial y energética. Todos estos recursos y actividades dependen de la disponibilidad de agua.

El río Mississippi contribuye con el bienestar de la economía y el medioambiente de todo el país.

El poderoso río Mississippi transporta una enorme cantidad de agua. En algunos lugares, **descarga** cerca de 600,000 pies cúbicos de agua por segundo. Sin embargo, el río se comporta de forma diferente todo el tiempo; es una fuerza en cambio constante. A medida que el agua corre por el río y sus muchos **tributarios**, ¡cambia de profundidad, velocidad e incluso color!

Algunas de las aguas del río adquieren formas completamente diferentes, evaporándose y condensándose para convertirse en lluvia o nieve. En épocas de lluvias fuertes o derretimientos de la nieve, el volumen de agua aumenta, el río se desborda e inunda grandes tramos de tierra. Esa es otra parte del ciclo natural del agua.

EL OCÉANO COMO DEPÓSITO

En el ciclo del agua, esta circula constantemente entre la Tierra y la atmósfera. Los océanos almacenan cerca del 97 por ciento del agua de la Tierra, parte de la cual retorna a la atmósfera como evaporación. El agua evaporada se condensa en nubes y cae como lluvia o nieve sobre la tierra y en lagos, riachuelos, ríos e incluso de nuevo en el océano.

El agua de lluvia, que drena la tierra y se acumula en el río Mississippi, va de nuevo hacia el Golfo de México y volverá a evaporarse. ¡El ciclo del agua continúa repitiéndose!

Aunque las inundaciones pueden constituir una amenaza para las personas de la región del delta, en realidad son las que han convertido el suelo en algo tan fértil. Las inundaciones transportan sedimento rico en nutrientes, que actúa como un fertilizante natural. Esto renueva la capa superficial del suelo, de manera que las cosechas crecen con vigor. El suelo también es enriquecido por la **diversidad** de la flora del delta. Cuando las plantas mueren, el suelo absorbe sus nutrientes y recicla su energía.

Junto con su fértil suelo y abundante agua, el clima templado de la región también es una ventaja para la agricultura. La temperatura cálida produce condiciones ideales para el crecimiento de cultivos durante todo el año. Más de la mitad de la tierra del área del delta se utiliza para la agricultura. Allí crece la mayor parte de la producción nacional de soja, arroz, caña de azúcar, alimento para animales, heno y algodón.

En el pasado, los cultivos de algodón produjeron fortunas para los dueños de las plantaciones en los estados del sur. Hoy, sigue siendo un cultivo importante para la región.

Los bosques de la región también contribuyen significativamente con la economía local del delta. La industria maderera se desarrolló antes de la Guerra Civil y alcanzó su punto máximo hacia fines del siglo XIX. Sin embargo, el número de bosques de madera dura comenzó a disminuir a principios del siglo XX.

Hoy, esta industria se administra de forma más **sostenible**. La mayor parte de los árboles se utiliza como madera para carpintería, y cerca del 30 por ciento, para fabricar papel.

Durante toda la historia de la industria maderera, el río ha suministrado un modo rápido y eficiente para transportar troncos.

CAPÍTULO 2

El río de la abundancia

El delta del Mississippi es una región importante para el suministro de energía de la nación. El delta posee grandes cantidades de **combustibles fósiles**, como el petróleo y el gas natural. Estos combustibles se formaron lentamente durante millones de años, cuando los restos de diminutas plantas de aguas cálidas y animales fueron enterrados en el lecho marino y comprimidos bajo alta presión.

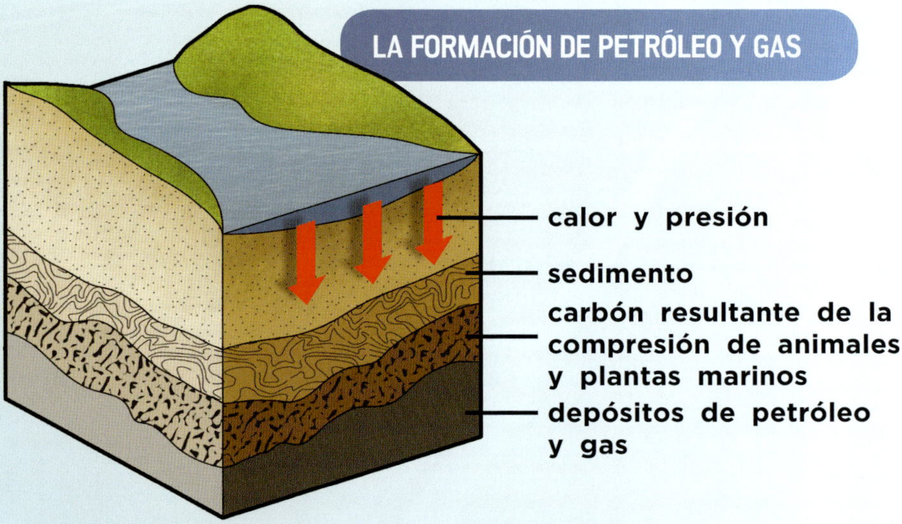

La industria del petróleo en la región comenzó a principios del siglo XX. Aunque el suministro está disminuyendo en la actualidad, la región del delta todavía produce cerca de 200,000 barriles de petróleo al año. Las plataformas petrolíferas en el Golfo de México también suministran petróleo y gas natural.

El delta se beneficia de las plantas de petroquímicos y otras industrias cruciales para la región, pero estas actividades también implican riesgos para el medioambiente.

El desarrollo del petróleo y el gas ha favorecido la economía de la región. Sin embargo, también puede dañar sus ecosistemas. Los oleoductos que transportan petróleo y gas a través de las zonas pantanosas hasta las instalaciones de almacenamiento pueden alterar los ciclos naturales del agua. El petróleo puede filtrarse debido a grietas en las tuberías.

Además, la región es vulnerable a grandes derrames de petróleo en las plataformas situadas en el golfo. En 2010, el petróleo derramado en la plataforma *Deepwater Horizon* llegó hasta las costas del delta, en Louisiana y Mississippi. El impacto de este derrame se convirtió en noticia mundial.

La región del delta también posee recursos minerales, como hierro, arena, arcilla, mármol y piedra caliza. Las ganancias que provienen de estos minerales no son tan significativas como las del petróleo y el gas. Sin embargo, siguen siendo una importante fuente de trabajo e ingresos para la región. La mayor parte de los recursos minerales se utiliza localmente y se transporta a distancias más cortas, dejando una **huella de carbono** más pequeña.

El río Mississippi transporta cerca de la mitad del cargamento fluvial que se realiza en el interior del país. ¡Esto suma cerca de 500 millones de toneladas por año! El cargamento es transportado en barcazas guiadas por remolcadores, o en barcos, dependiendo de la profundidad del río. El Mississippi se conecta con otros grandes ríos, como el Ohio y el Missouri, y con el Golfo de México. Nueva Orleans, en el golfo, es uno de los puertos más transitados del mundo.

El río Mississippi es una de las vías fluviales más grandes y transitadas del mundo.

El turismo y la recreación son otras industrias vitales para el delta. Proveen cientos de miles de trabajos y miles de millones de dólares en ingresos. Cada año, millones de personas visitan la región, atraídas por su rica historia y cultura, al igual que por sus paisajes.

La región del delta sustenta una de las más diversas y rentables industrias pesqueras del mundo. Entre los peces que se venden comercialmente se cuentan el bagre, el pez búfalo, el pez espátula y el pez aguja. No obstante, la población de peces de agua dulce de la región está disminuyendo debido a la reducción de sus hábitats y a los efectos de la contaminación.

CAPÍTULO 3

Protección del delta

Los ecosistemas de la región del delta incluyen grandes zonas pantanosas y boscosas además de tierras bajas con bosques de árboles de madera dura. Estas áreas son el hogar de una gran diversidad de especies animales.

Los pantanos son particularmente importantes para la ecología de la región. Los científicos estiman que queda menos del 30 por ciento de ellos. La agricultura, la silvicultura, o cultivo de bosques, y los proyectos de energía y control del agua han llevado a la pérdida de esos terrenos.

Para algunas personas, las zonas pantanosas son lugares aburridos y enfangados, pero en realidad son vitales en muchos aspectos. Son el hábitat de muchas especies de aves y peces. Les proveen alimento, abrigo y seguridad para su reproducción. También evitan que el sedimento sea arrastrado hacia el mar. Actúan como protección contra las tormentas, reduciendo la **erosión**. También influyen en la calidad del agua, filtrándola hasta eliminar las sustancias contaminantes y en mantenerla limpia.

La garza es una de las especies nativas que vive en los pantanos del delta.

El Mississippi también es una ruta migratoria global importante. Las aves vuelan sobre el río cuando emigran entre el Norte y el Sur de América. Se estima que cerca de 8 millones de patos, gansos, cisnes y otras aves acuáticas se reproducen y pasan el invierno en las zonas pantanosas.

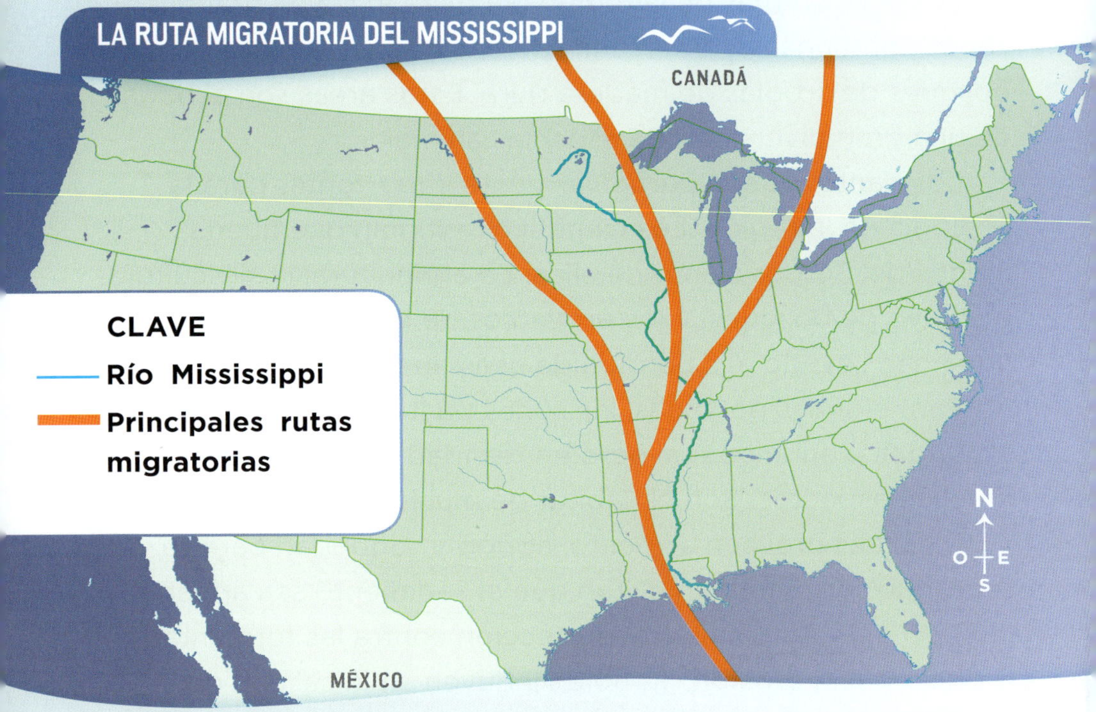

Más de 180 especies de peces de agua dulce habitan en la región. Otros animales nativos del delta son: osos negros, venados, visones, nutrias, cocodrilos y tortugas. Las águilas calvas y los halcones peregrinos también viven allí. Algunos de estos animales se encuentran en peligro de extinción.

El agua es esencial para todos los seres vivos. El bienestar de los ecosistemas de la región depende de la limpieza del agua del río. Los químicos empleados en las fábricas y granjas contaminan el agua, al igual que las aguas sucias que vienen de las ciudades y los pueblos.

Detective del lenguaje — **¿Cuál es la función de las comas en el texto subrayado?**

Para controlar las aguas en el delta del Mississippi se han construido **diques** y represas. Estos alteran los ciclos que crearon la región. Un delta necesita depósitos regulares de sedimento para perdurar. Sin embargo, el sedimento del Mississippi queda atrapado río arriba o, por el contrario, es vertido en alta mar en lugar de formar más tierra.

Los científicos creen que entre un 50 a 70 por ciento del sedimento del Mississippi no ha podido llegar a las partes bajas del delta. Como resultado, la costa de la región se ha sumergido gradualmente. Si no se hace algo al respecto, un área parecida al tamaño de Connecticut podría desaparecer a finales de este siglo.

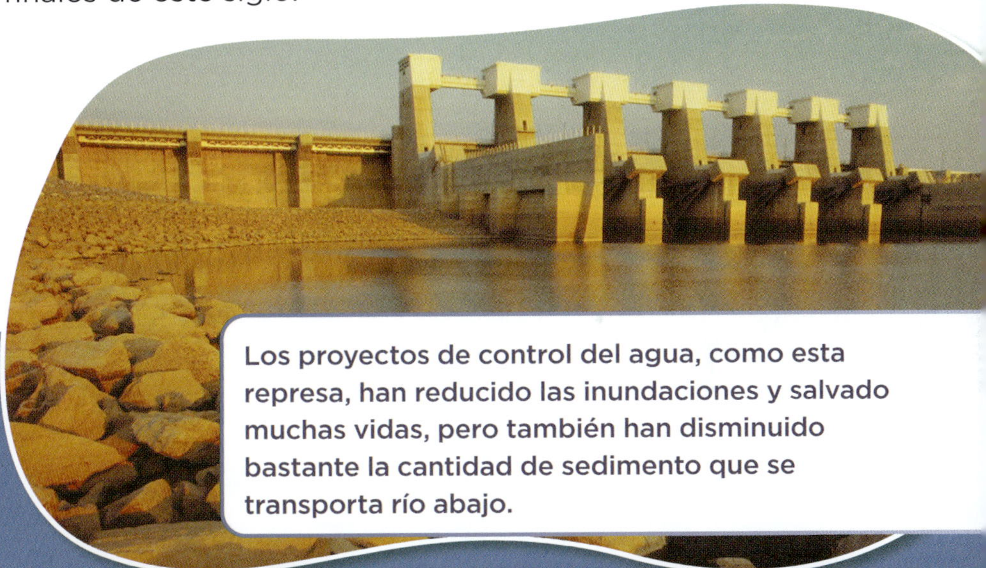

Los proyectos de control del agua, como esta represa, han reducido las inundaciones y salvado muchas vidas, pero también han disminuido bastante la cantidad de sedimento que se transporta río abajo.

CONTROL DEL AGUA

Hay muchas formas de controlar el agua en el delta del Mississippi. En el pasado, frecuentemente se utilizaban dragas para hacer más profundo el cauce del río y para crear nuevos cursos de agua. Las represas proveen agua para los sistemas de irrigación, construidos para que las cosechas crezcan durante las sequías. Las represas y los diques también limitan los daños causados por las inundaciones. El sistema del río Mississippi tiene cerca de 8,000 represas y más de 30,000 diques.

Hoy, más personas saben de la necesidad de proteger y conservar el medioambiente de la región. Muchas personas están dedicadas a limpiar el delta. Los esfuerzos abarcan desde proyectos locales de conservación por parte de propietarios de tierras y grupos, hasta nuevas leyes y regulaciones por parte de gobiernos estatales y federales.

Científicos e ingenieros trabajan en planes a gran escala para restaurar las áreas costeras del delta. Su desafío es detener la erosión de las tierras sin alterar la navegación. Estos planes se enfocan en desviar el río, pero esta vez se hace para causar inundaciones más que para prevenirlas. Con estas inundaciones forzosas se espera producir nuevo sedimento en las aguas costeras poco profundas, para que se forme así nueva tierra en el delta.

PREDICCIÓN SOBRE LA COSTA DEL DELTA DEL MISSISSIPPI

Los científicos predicen que si la erosión continúa al ritmo actual, la elevación de los mares y la pérdida de sedimento podrían reducir drásticamente la cantidad de tierra que queda en la costa del delta hacia el año 2100. Desarrollan planes para evitar que eso suceda.

Algunos proyectos se enfocan en restaurar los bosques pantanosos, mientras otros apuntan a limitar las especies exóticas introducidas que han rebasado a las especies nativas. Estos proyectos protegen la flora y fauna de la extinción y mejoran la calidad del agua.

Muchas personas buscan formas para hacer que la industria y la agricultura de la región sean más sostenibles. Se han implementado nuevas medidas, o reglas, para conservar el agua. Otras son para reducir su contaminación ocasionada por la escorrentía de sustancias químicas empleadas en la agricultura y la industria.

Muchos individuos y grupos están comprometidos con proyectos para proteger la región del delta.

Conclusión

La región del delta del Mississippi es un motor natural para la nación. El delta suministra una gran abundancia de recursos naturales de los cuales dependen muchos estadounidenses. En el pasado, los recursos de la región se explotaron sin pensar en el futuro. El enorme tamaño del delta llevó a creer que sus recursos no tenían límites.

Hoy, más personas reconocen que los ecosistemas del delta son frágiles. Sus ciclos naturales necesitan protección. El petróleo y el gas se agotarán algún día. Sin embargo, el río y el delta son sostenibles y pueden ser preservados.

El agua es la sangre del delta. La atención concentrada en aprovechar su riqueza ha cambiado hacia la conservación del agua y la restauración de los ciclos naturales de la región.

La actividad humana es una parte fundamental de los ciclos del delta. Tanto la agricultura como la industria están interconectadas con los ecosistemas de la región. Las personas introducen nuevos métodos agrícolas y de irrigación. Tecnologías más avanzadas para la extracción de minerales, petróleo y gas ayudan a prevenir daños futuros al medioambiente. El futuro de la región depende de lograr que estas actividades busquen el beneficio del medioambiente, la economía y la gente.

Detective del lenguaje **Busca otras oraciones en esta página que tengan el mismo verbo subrayado.**

Diferentes organizaciones han unido sus esfuerzos para resolver los problemas del delta. Se han formado asociaciones para unir las iniciativas e ideas de cuantas personas sea posible, desde estudiantes de escuelas hasta políticos.

Al aprender de los errores del pasado, seremos capaces de restaurar el delta del Mississippi para el futuro.

Al proteger el medioambiente del delta, aseguramos que sus recursos estén protegidos para el futuro.

Respuesta a la lectura

Resumir

Usa los detalles más importantes de *El delta* para resumir lo que aprendiste sobre la región del delta. Usa el organizador gráfico como ayuda.

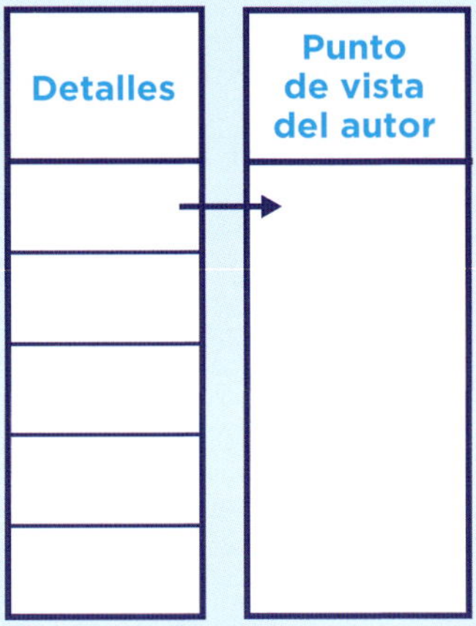

Evidencia en el texto

1. ¿Cómo sabes que *El Delta* es un texto expositivo? Da ejemplos de las características del texto. **GÉNERO**

2. ¿Cuál es el punto de vista del autor sobre la protección del delta del Mississippi? Da ejemplos del texto que sustenten su opinión. **PUNTO DE VISTA DEL AUTOR**

3. ¿Qué significa la palabra *aluvión* en la página 3? ¿Qué información en el texto te ayudó a definir la palabra? **DEFINICIONES Y REAFIRMACIONES**

4. Escribe sobre el punto de vista del autor acerca del delta del Mississippi en el capítulo 1. Da datos y ejemplos que usa el autor para expresar su punto de vista. **ESCRIBIR SOBRE LA LECTURA**

Género Texto expositivo

Compara los textos

Lee sobre cómo podemos producir un recurso valioso con desechos.

La riqueza del abono

Para crecer bien, las plantas necesitan un suelo rico en nutrientes. En la naturaleza, el suelo es enriquecido de varias formas. Cuando los ríos inundan la tierra, como ocurre en la región del delta del Mississippi, dejan a su paso un sedimento rico en minerales. Los materiales volcánicos, como la lava, también son muy ricos en minerales. Con las lluvias suficientes, esta se desintegra rápidamente. Con el tiempo, este material produce uno de los suelos más fértiles de la Tierra.

Las plantas mismas son una fuente muy importante de nutrientes. Cuando mueren, se descomponen y liberan sus nutrientes de nuevo en el suelo y así otras plantas los utilizan. Este ciclo natural es autosostenible.

Cuando las hojas de un árbol se descomponen, forman un mantillo cuyos nutrientes los absorbe las raíces del árbol. Esto permite que su energía se recicle.

No necesitas un río o un volcán en tu jardín para tener un suelo rico en nutrientes. Todo lo que necesitas es crear un contenedor de abono para reciclar los desechos de alimentos de tu casa y los restos de plantas como las podas del jardín. Estos residuos se descomponen formando un mantillo, el cual es rico en nutrientes y es un excelente fertilizante orgánico para el jardín.

Al producir abono, creas tu propio ciclo natural. Las plantas del jardín serán más saludables, no necesitarás comprar otros fertilizantes y tendrás menos basura para botar. ¡Es una solución con la que ganas o ganas!

Lo mejor es comenzar a hacer el abono cuando el clima es cálido, porque los desechos se descomponen más rápido. Puedes comprar un recipiente listo para armar y utilizar, o puedes hacer uno con madera y otros materiales. También puedes comprar una pila de abono. Por lo general, el abono se hace al aire libre, pero hay un tipo especial de recipiente que se puede usar en interiores.

Existe una variedad de métodos para hacer abono. Trata de mantenerlo húmedo con agua y revolverlo de vez en cuando para que el aire circule a través de él. Debes tener cantidades iguales de material "marrón" (hojas y ramas muertas) y material "verde" (sobras de frutas, vegetales y café y pasto cortado). Pide asesoría a un jardinero o en un vivero local.

El abono puede utilizarse alrededor de los árboles, bajo los arbustos o en canteros para huertas y jardines al aire libre. Hacer abono ahorra dinero y recursos y ayuda al crecimiento de las plantas.

Lo que sirve y lo que no sirve como abono

	✓ Lo que sirve	✗ Lo que no sirve
comida	frutas y vegetales; restos de café; bolsitas de té; cáscaras de huevo	productos lácteos; restos de comida como huesos de la carne y espinas de pescado
papel	papel triturado	papel satinado
ropa	tejidos de lana y algodón	poliéster y nailon
basura de la casa	pelusa de la secadora y la aspiradora; cenizas de madera; aserrín y virutas de madera	cenizas de carbón mineral
plantas	plantas de la casa; hojas y poda del jardín	plantas enfermas; poda del jardín tratada con pesticidas químicos

Haz conexiones

¿Cómo contribuye la fabricación de abono a conservar los recursos naturales? **PREGUNTA ESENCIAL**

Compara los fertilizantes naturales presentes en el delta del Mississippi con los que resultan del abono hecho en casa. **EL TEXTO Y OTROS TEXTOS**

Glosario

combustible fósil combustible formado por plantas y animales que permanecieron enterrados durante mucho tiempo ***(página 8)***

descargar desembocar una corriente de agua en un lago, en el mar o en otra corriente ***(página 5)***

dique pared levantada en las orillas para contener las aguas ***(página 13)***

diversidad que incluye muchos tipos o especies diferentes ***(página 6)***

ecosistema comunidad de plantas y animales dentro de un hábitat ***(página 3)***

erosión desgaste por la acción de fuerzas naturales, como el agua o el viento ***(página 11)***

fértil capaz de producir mucha vegetación o cosechas ***(página 2)***

huella de carbono impacto sobre el medioambiente producido por el transporte de mercancías de un sitio a otro ***(página 9)***

recurso natural cosa que se encuentra en la naturaleza y que puede ser aprovechada por los seres humanos ***(página 2)***

sedimento material semejante a la arena, depositado por los ríos o el viento ***(página 2)***

sostenible hecho de tal manera que no daña el medioambiente ***(página 7)***

tributario río o arroyo que desemboca en otro ***(página 5)***

Índice

Enfoque:

Ciencias

Propósito Ver cómo la escorrentía de sustancias contaminantes entran en una cuenca

Procedimiento

Paso 1 Trabaja con un compañero o una compañera, o con un grupo pequeño. Arruga una hoja de papel. Después, alísala. Deja algunos pliegues grandes. Hay puntos altos y puntos bajos. El papel representa la tierra cerca del río Mississippi.

Paso 2 Usa dos o tres marcadores lavables de colores diferentes. Dibuja con el marcador las arrugas, o pliegues. Usa más de un color en algunas arrugas. Los marcadores representan las sustancias contaminantes como los fertilizantes y otros químicos o desechos.

Paso 3 Coloca el papel arrugado en una cacerola poco profunda o una bandeja. Llena un atomizador con agua limpia. Rocía el papel con el agua y observa lo que ocurre.

Conclusión Describe lo que ocurrió en los puntos altos y bajos de la cuenca. ¿Se mezclaron las diferentes sustancias contaminantes? ¿Qué representa el agua del atomizador? ¿Qué representa el agua en la bandeja? ¿Cómo se relaciona este experimento con lo que leíste en *El delta*?